LA CONFRÉRIE
DE SAINT-JEAN-L'ÉVANGÉLISTE

ÉTABLIE

EN L'ÉGLISE SAINT-PIERRE DE BEAUVAIS (OISE)

PAR

M. L'ABBÉ L. MEISTER

MEMBRE DE LA SOCIÉTÉ ACADÉMIQUE DE L'OISE

(Extrait du *Bulletin historique et philologique*, 1908.)

PARIS

IMPRIMERIE NATIONALE

MDCCCCIX

LA CONFRÉRIE
DE SAINT-JEAN-L'ÉVANGÉLISTE

ÉTABLIE

EN L'ÉGLISE SAINT-PIERRE DE BEAUVAIS (OISE)

SA FONDATION, SES STATUTS, SES REVENUS

AUX XIIIe ET XIVe SIÈCLES

PAR

M. L'ABBÉ L. MEISTER

MEMBRE DE LA SOCIÉTÉ ACADÉMIQUE DE L'OISE

(Extrait du *Bulletin historique et philologique*, 1908)

PARIS
IMPRIMERIE NATIONALE

MDCCCIX

LA CONFRÉRIE
DE SAINT-JEAN-L'ÉVANGÉLISTE

ÉTABLIE

EN L'ÉGLISE SAINT-PIERRE DE BEAUVAIS (OISE).

SA FONDATION, SES STATUTS, SES REVENUS

AUX XIII° ET XIV° SIÈCLES.

De toutes les confréries qui existaient autrefois à Beauvais, l'une des plus anciennes était celle qui avait été fondée dans la cathédrale sous le vocable de Saint-Jean-l'Évangéliste. Il aurait été intéressant d'en retracer l'histoire, mais la plus grande partie des papiers qui constituaient ses archives a disparu, et ceux qui sont parvenus jusqu'à nous présentent de trop graves lacunes pour nous permettre de la suivre à travers les cinq siècles et plus de son existence.

Au XVIII° siècle, M. Le Mareschal de Fricourt dans ses *Mélanges*, qui font aujourd'hui partie de la riche collection de M. le comte de Troussures [1], a réuni sur Beauvais et le Beauvaisis des notes précieuses et la copie d'un grand nombre de pièces dont les originaux n'existent plus. C'est dans ces *Mélanges* que se trouvent la plupart des documents que nous possédons sur la Confrérie de Saint-Jean-l'Évangéliste; ils renferment notamment les statuts qui la régissaient dans la première moitié du XIV° siècle, plusieurs comptes

[1] Conservée au château de Troussures, canton d'Auneuil (Oise).

dont le plus ancien de 1328, le plus récent de 1348, les déclarations faites en 1387, 1405 et 1444 par les maîtres et gouverneurs de la communauté à la Chambre des Comptes et aux commissaires nommés par le roi sur le fait des nouveaux acquêts, les listes des confrères et consœurs en 1335, vers 1350, en 1480, 1489 et 1535, l'état des cens qu'elle percevait à Beauvais et ailleurs en 1433. Grâce à ces documents et à quelques autres, conservés aux Archives départementales de l'Oise, il nous est possible de nous rendre compte de l'organisation et du fonctionnement de cette pieuse association au xivᵉ siècle.

C'est en 1275 [1], au lendemain de l'inauguration de l'abside et du chœur de la nouvelle cathédrale [2], sous l'épiscopat de Renaud de Nanteuil, qu'elle avait pris naissance. Approuvée par ce prélat, confirmée par ses successeurs, elle vit promptement affluer dans son sein les nobles, les clercs, les bourgeois et les personnes de piété des deux sexes [3]. Philippe de Valois, le roi Jean, Charles V, les reines Blanche de Navarre, Jeanne d'Auvergne et Jeanne de Bourbon, les princes du sang, désireux d'avoir part aux messes et oraisons qui s'y disaient quotidiennement, s'y firent affilier et la comblèrent de leurs bienfaits [4].

Les statuts les plus anciens ne portent aucune date : ils se trouvaient à la fin d'un registre, couvert de basane rouge, destiné à enregistrer les cens dus à la confrérie et étaient écrits sur vélin : à en juger par l'écriture, qui était fort belle, ils pouvaient remonter, selon M. Le Mareschal, aux premières années du xivᵉ siècle [5]; mais l'un des articles du compte rendu en 1335 par Jean Caroni

---

[1] « Cum octoginta anni jam sunt elapsi, quod dicta confraternitas fuit fundata » (cf. pièce xii, lettres patentes du roi Jean, juin 1355).

[2] L'office divin y fut célébré pour la première fois aux premières vêpres de la Toussaint 1272 (Gustave Desjardins, *Histoire de la cathédrale de Beauvais*, in-4°, Beauvais 1865, p. 8).

[3] « Comme ja pièça par nos prédécesseurs évesques, à la supplication et prière de plusieurs notables personnes, ait été instituée en l'église de Beauvais, en la chappelle Monseigneur Saint Jehan Euvangéliste, une solennelle et dévote confrarie à l'onneur de Dieu notre créateur, de la glorieuse Vierge et exaltation dudit Monseigneur Saint Jehan Euvangéliste; de laquelle confrarie nosdis prédécesseurs et autres plusieurs notables personnes ayent esté confrères, et de présent ait grande multitude de confrères et suers » (Arch. de l'Oise, G 762 : statuts de Jean de Bar, 6 mai 1473).

[4] Cf. pièces xii, xiii et xiv.

[5] Note de M. Le Mareschal.

de Sarcus, nous permet de préciser davantage et d'en placer la rédaction entre le 10 mai 1334 et le 16 mai 1335 [1].

Ces statuts méritent d'être cités *in extenso*, car ils nous font connaître le but poursuivi par la confrérie, le nombre de ses membres, les conditions de leur admission, l'époque de l'élection des maîtres appelés à la gouverner, les fonctions des chapelains chargés de desservir sa chapelle [2], les solennités et les réjouissances que ramenait chaque année, au mois de mai, sa fête patronale [3].

Cy commence l'intitulation de la Confrarie Saint Johan l'euuangéliste, fondée en l'esglise Saint Pierre de Beauvais.

En lonneur de Dieu, de nostre Dame et de Monseigneur Saint Johan l'euuangéliste, se doivent cascun an assembler les confrères et suers de Monseigneur Saint Johan l'euuangéliste, dont la confrarie est instituée en l'esglise de Saint Pierre de Beauvais en la chapelle dudit Saint Johan.

Premièrement en laditte confrarie doit avoir cascun jour II messes, c'est assavoir l'une du Saint Esprit et l'aultre des mors [4].

Item en laditte confrarie doit avoir IIII maistres, c'est assavoir II prestres et II lais pour gouverner laditte confrarie par l'an.

Item en laditte confrarie ne doit avoir que VI^{xx} confrères tant seulement.

Item les prestres de ladite confrarie seront tenus de faire mémoire des confrères et suers en toutes leurs messes, services et oroisons.

Item les dyacres et soubsdyacres et aultres clers de plus bas ordre doivent avoir cascun jour mémoire de leurs frères et suers, et par espécial doivent dire pour eulx trois pseaulmes cy nommés *Miserere mei*, *Inclina Domine*, *Ad te levavi*, et aussi seront tenus de dire ou faire dire IX lechons des mors avecques la recommandace quant aucuns des confrères ou sereurs seront alé de vie à trespassement, et semblablement les prestres seront tenus de dire ou faire dire une messe pour le remède du confrère ou sereur trespassé, et si doit cascun des confrères dire ou faire dire XXV fois *Pater noster* et *Ave Maria*.

---

[1] «Item pro scribendo constitutionem confraternie semel XVI d.; pro grossando dictam constitutionem II s.» (pièce VI).

[2] Cette chapelle se trouvait au nord de la chapelle de la Vierge, à laquelle elle était contiguë. C'est aujourd'hui la chapelle Sainte-Anne (cf. Gust. Desjardins, ouv. cité, p. 279).

[3] Le jour de Saint-Jean-Porte-Latine.

[4] Elles étaient dites entre matines et prime (statuts de 1473 donnés à la confrérie par l'évêque Jean de Bar).

M. l'abbé L. Meister.

Item se aucuns des confrères chiet en enfermeté de maladie, li aultre seront tenus de le visiter et prier pour sa santé [1].

Item quant un des confrères ou sereurs sera alé de vie à trespassement, les maistres ou procureurs de la frarie doivent envoier la veille de son enterrement le cierge de la ditte confrarie et la clochette par la ville, ainsi comme on a acoustumé, et faire dire vi psaultiers [2] pour l'ame du trespassé.

Item se aucuns des frères ou sereurs trespasse hors de la ville de Beauvais, les maistres et confrères seront tenus à luy faire son service comme se il fut demourant et trespassé en la cité.

Item que se aucuns des frères ou suers chiet en povreté, il doit estre visité et soulacié par la charité des aultres [3].

Item se aucuns des confrères entre en religion et il trespasse dedens son an, on luy doit faire son service.

Item se aucuns va ou veult aler en pélérinage, il le doit faire sçavoir à i de ceulx qui demeurent, afin qui prient pour luy [4].

Item les confrères se doivent cascun an assembler la veille Saint Johan en may pour ouir vespres en ladite chapelle, et le jour pour ouir la messe qui doit estre ditte à dyacre et soubsdyacre avecques le sermon et le lendemain pour ouir le service des mors [5].

Item se aucune personne a dévotion d'entrer en ladite confrarie, il se doit traire par devers les maistres, et doivent les maistres appeller vi ou viii de leurs frères [6] pour avoir avis de recevoir ceulx qui entrer y vouldront, et doit paier cascun entrant ii souls de rente perpétuelle bien assise au los des maistres et confrères ou bailler iiii florins de flourence de bon poys [7].

Item en la confrarie ne doit estre rechu personne soupechonné ne de mauvaise vie, ne personne excommunié, ne usurier, et se aucun en y avoit, les maistres de par les confrères les en pevent exempter et mettre hors.

Item se aucuns des confrères ou suers ont débat ensamble, les maistres les doivent mettre à bon accord se ils peuent, et se aucuns d'iceulx est

---

[1] Les quatre articles précédents ne figurent plus dans les statuts de 1473.
[2] Les statuts de 1473 portent iv psautiers.
[3-4] Articles supprimés dans les statuts de 1473.
[5] On lit, à la suite de cet article, dans les statuts de Jean de Bar : «Item de l'auctorité de Dieu notre créateur, Monseigneur Saint Pierre et Saint Pol confians en sa miséricorde, avons donné et donnons à tous les confrères et conseurs à présent estant en icelle confrarie quarante jours de pardon, à tous ceulx, qui y entreront quarante jours, et pareillement à ung chacun confrère et conseur au jour de son trespas quarante jours de pardon.»
[6] «Cinq ou six de leurs frères» disent les statuts de 1473.
[7] «Ou bailleront trois escus d'or ou quatre florins de florence de bon poix» (statuts de 1473).

rebelle et qui ne veuille traittier à l'aultre, il ne doit point demourer en ladicte confrarie.

Item les maistres doivent souvent visiter la chapelle, que il n'y ait point de deffaults et que les messes soient dittes suffisamment, qui doivent estre dittes par III prestres du mains et qui doivent avoir I clerc pour eulx aidier ou coust de la confrarie.

Item les deniers des psaultiers doivent estre paiés par les confrères lais, dont cascun paie I denier tant seulement.

Item quant la messe est ditte le jour de Saint Johan, se on doit diner ensemble, les frères et les suers se doivent mettre à table ordeneement pour diner honnestement et souffisamment, et doivent les nouveaulx confrères servir ou diner et doit cascun et cascune des confrères I merel pour donner à I povre, comme il est acoustumé [1].

Item le diner fait, les frères et suers doivent venir II et II ensemble en ladicte chapelle pour dire graces et doivent les prestres dire *Miserere mei Deus*, et après, I des confrères monté hault doit lire ceste ordonnance avec les nouveaulx entrans et aussi doit nommer ceulx qui sont trespassés de l'année, et ce fait on doit eslire et instituer nouveaulx maistres, et doivent les maistres précédens prendre journée de rendre leurs contes aux confrères.

Item tous les prestres de la confrarie doivent estre le jour de la feste à la messe en surplis, et se la feste eschiet en vendredi ou samedi ou en jour que le diner ne se puisse faire au proufit de la confrarie, les maistres le peuvent continuer jusques à trois jours ensuivans.

Item cascun des povres qui vient à l'aumosne doit avoir I pain de XL à la mine, II deniers, demy mès de potage et se c'est en jour de poisson IIII oeufs [2].

Les confrères, on le voit, devaient s'entr'aider tant au point de vue spirituel qu'au point de vue temporel, en exerçant les uns à l'égard des autres les œuvres de miséricorde. En lisant ces statuts, l'on est frappé des analogies qu'ils présentent avec ceux de la Grande Confrérie Notre-Dame aux prêtres et bourgeois de Paris [3].

---

[1] Au XVᵉ siècle, cette distribution était à la charge de la confrérie : «A chacun desd. confrères et conseurs sera distribué ung mérel pour donner à ung pauvre, comme il est acoustumé» (statuts de 1473).

[2] Cet article ne figure plus dans les statuts de Jean de Bar.

[3] Nous ne saurions trop remercier M. Henri Omont d'avoir attiré notre attention sur ce point. Nous nous contenterons ici de renvoyer au texte des statuts de la célèbre confrérie parisienne (H. OMONT, *Documents nouveaux sur la Grande Confrérie Notre-Dame aux prêtres et bourgeois de Paris*, in-8°, Paris, 1905, p. 8. — LE ROUX DE LINCY, *Recherches sur la Grande Confrérie Notre-Dame aux prêtres et bourgeois de la ville de Paris, suivies du cartulaire et des statuts originaux de cette confrérie*, in-8°, Paris, 1844, appendice n° 2).

La prospérité dont jouissait au déclin du xiii° siècle cette puissante association dut naturellement amener les prêtres et les bourgeois de Beauvais à lui emprunter ce qui dans son organisation avait été cause de sa juste renommée et de sa vogue extraordinaire.

Dans la première moitié du xiv° siècle, le nombre des membres de la Confrérie de Saint-Jean-l'Évangéliste ne fit que progresser : de 108 qu'ils étaient en 1335, ils atteignaient vers 1350 le chiffre de 148 [1]. Devant cette affluence, il fallut faire fléchir la règle, qui limitait à 120 le nombre des confrères. Ses revenus suivirent également, durant la même période, une marche ascendante : en vingt ans, les cens qu'elle percevait avaient presque doublé, puisque de 17 l. 12 d. ob. en 1328, ils s'élevèrent à 30 l. 14 s. 1 d. en 1348 [2].

Ces cens provenaient soit du droit d'entrée acquitté lors de leur admission par les nouveaux confrères, soit de legs faits par eux ou à titre gratuit ou à titre onéreux [3], soit d'acquisitions faites par la communauté [4]. Ils constituaient avec le produit des oblations [5] le plus clair de ses ressources.

Par contre, les charges étaient multiples : l'entretien de la chapelle où était établi le siège de la confrérie lui incombait [6]; de même le traitement des quatre chapelains et du clerc qui la desservaient [7]. Elle devait en outre pourvoir à tout ce qui était nécessaire pour le service divin : à l'achat, au blanchissage, à la

---

[1] Cf. pièces v et xi.

[2] Cf. pièces ii et x.

[3] Cf. notamment les comptes des 10 mai 1334, 16 mai 1335 et 13 mai 1336 (pièces iv, vi et vii).

[4] «Item seur une maison et gardin, scéant en le rue Joissiaume, joignant d'une part à Mahieu Milon et d'autre part à Jehan le foulon, achatés à Alys le Bochue v^s» (pièce xiv).

[5] «Item de argento, quod erat in pixida xxi^s viii^d» (pièce vi); «Item de oblationibus, que erant in pixida xx^s» (pièce vii). Ce tronc était probablement placé dans la chapelle.

[6] «Pro duabus columpnis de capella et una scamelo pro ponendo librum desuper altare xi^s vi^d»; pro situando dictas columpnas xxiii^d; pro calce et sabulo et plastro xii^d (pièce vii); «pour unne vergne à le verrière xii^d» (pièce viii); «item pour refere le pavement de le chapelle vi^d» (pièce ix).

[7] Les chapelains, qui recevaient x^l en 1328, touchèrent xii^l à partir de 1330 : le clerc eut successivement xxiv^s en 1330, xxx^s en 1334, xl^s à partir de 1345 (cf. pièces ii, iii, iv, vi, vii, viii, ix et x).

réparation du linge et des ornements[1]; à l'habillement du valet de la confrérie[2], à la fourniture de la cire et des pains d'autel[3]. Il faut ajouter encore l'entretien des immeubles appartenant à la communauté et l'acquit des charges dont ils étaient grevés[4], et aussi l'allocation donnée au procureur chargé de recueillir les cens[5].

Mais l'une des principales dépenses était celle qu'entraînait le dîner qui avait lieu chaque année dans le cloître de la cathédrale, à l'issue de l'office, le jour de la Saint-Jean d'été. Le menu de quelques-uns de ces banquets nous a été conservé[6]. Celui de 1346 est de nature à nous donner une juste idée du robuste appétit qu'avaient nos pères; il est écrit en un langage mi-français, mi-picard, qui a une saveur toute particulière.

Mises faites le jour que les confrères de led. Confrarie dinèrent ensemble :
Premier pour pain donné aux povres xi^s iii^d.
Item en deniers donnés à icheux povres xi^s iii^d.
Item en pois pour donner à icheux povres ii^s ix^d.
Item en grosse char donnée à icheux povres xxvi^s.
Item en pain pour le dîner xv^s ix^d.
Item pour xv setiers de vin pris chiez Robert Mitet à xx^d le setier xxv^s.
Item pour xiiii setiers de vin pris chiez Pierre de Feuquières à xxxii^d le setier xxxvii^s iiii^d.

---

[1] «Item pro casula rubea reparanda vi^d» (pièce iii); «pro lavando ornamenta capelle et reparando ea et omnes mappas, doubleria et manutergia ii^s» (pièce vi); «pro tela de qua facte fuerunt tres polimite et iiii^or amicti xvi^s; pro factura earumdem et reparando albas ii^s vi^d (pièce vii); «item pour les hournemens laver et réparer xii^d» (pièce viii), «Premier pour cendal vermeil, soie, ruben et fil à rappareillier ii casubles et les courtines qui sont entour l'autel xii^s vi^d» (pièce ix).

[2] «Pro una roba data famulo confraternie xiiii^s» (pièce vii).

[3] «Pro renovando cereum et torcham et pro duabus libris de cera nova vi^s x^d» (pièce vi); «pro duabus libris de cera nova cum dimidia iiii^s viii^d; pro expensis factis pro eundo quesitum panem pro celebrando missas ii^s» (pièce vii); «item pour pain à quanter xii^d» (pièce viii); «item pour le clerc qui ala querre le pain à canter pour le capelle xii^d» (pièce x).

[4] «Item pour reffections de mesons et pour chens paiés ix^s viii^d» (pièce ii); «item Johanni le Coaille pro cameris reparandis et cooperiendis v^s viii^d» (pièce iii).

[5] Messire Raoul de Granviller, vicaire de Saint-Michel, censier de la confrérie en 1328, touchait de ce chef xx^s, Adam Langlès xxx^s en 1330 et Jean Caroni de Sarcus xl^s en 1336. (cf. pièces ii, iii et vii).

[6] Cf. pièces iii, iv, vi, vii et viii.

Item pour vin despensé en le cuisine, que le jour que le veille, III setiers de II'.

Item en pois pour le diner II' IX^d.

Item pour un quart de sel III' IIII^d.

Item pour esquinées de porc salé VII' VII^d.

Item pour x chevriaus, le pièche III' VI^d, valent en somme XXXV'.

Item pour IIII veaus, le pièche VII', valent en somme XXVIII'.

Item pour XVII livres et demie de lart pour billeter les chevriaus et les veaus et pour mètre ès pastés de poulles et pour aidier à faire service avec les esquinées VIII' IX^d.

Item pour LVII poulles XXXI' VII^d.

Item pour XII pingons III'.

Item pour XXV frommages à faire tartelettes VII' VII^d.

Item pour v quarterons de oues II' III^d.

Item au pasticier pour faire LXIX pastés et pour VII^{xx} et III tartelettes, pour paine de tout XIII'.

Item pour chucre à chucrer ichelles tartelettes II'.

Item pour demi livre de canele et de gingembre et pour v esterlins de cleus de girofle VI'.

Item pour v pos de vergus XX^d.

Item pour II pos de vin aigre II'.

Item pour pommes XIII^d. ob.

Item pour nois VIII^d.

Item pour herbe pour le jour de le feste et pour le jour que on dina ensamble XXI^d.

Item pour carbon III' VI^d.

Item pour bourrées XXXIX^d. ob.

Item pour louage de pos, escuelles et de quaues [1] v'.

Item pour le salaire de Robin Mitet, mestre queu, v'.

Item pour le butier sen compagnon III'.

Item pour le poisson que le promoteur envoia XIIII^d.

Item pour autre poisson x^d.

Item pour les vallés, qui apportèrent la grosse char, les esquinées et le lart de le boucherie en l'ostel Thiébaut Béquet VI^d.

Item pour garchons qui tournèrent le rost XIII^d.

Item II vallés qui portèrent quaues à vin VIII^d.

Item pour Héron et pour Guillemon, qui nestièrent le capitre et assirent les taules et les fourmes [2] III'.

Item pour autres vallés, qui aidièrent en le cuisine à porter yaue, à nettier vaissiaus et reporter II'.

---

[1] Les quaves, c'est-à-dire les cruches.
[2] Les tables et les bancs.

Item pour fuerre à mettre soubs le pain iiii^d.
Item pour le sergent du capitre ii^s.
Item pour corde à lier le rost iii^d.
Item pour laver les nappes xviii^d.
  Somme de led. journée xvi^l ii^s vi^d.

La grande désolation qui régna si longtemps au royaume de France porta un coup funeste à la Confrérie de Saint-Jean-l'Évangéliste. Le 21 avril 1447, les commissaires du roi sur le fait des nouveaux acquêts consentirent à modérer à la somme de douze livres celle qui leur était due « en regart et considération..... à la dépopulation de la ville de Beauvais et païs d'environ, à l'occasion des guerres et divisions qui ont esté en ce royaulme et de la frontière ou icelle ville a esté ou tems passé et encores est à l'encontre des Englois, par quoi plusieurs desd. maisons et héritages sont demourez inhabitez et que les maisons et héritages sur quoi ils ont lesd. rentes sont chargiez de grans charges fonciers et autres rentes anciennes précédentes de lad. confrarie, pourquoi bien brief à l'occasion d'icelles charges lesd. maisons ou aucunes d'icelles sont en adventure de revenir en leurs mains, ouquel cas pour les autres charges précédentes, il conviendroit y renoncer et par ce leursd. rentes demourer en non valoir... »[1].

Ces malheurs étaient passagers, et ils auraient été impuissants à arrêter l'essor de notre confrérie, si clercs et bourgeois avaient montré le même empressement que jadis à venir se ranger sous sa bannière; mais l'enthousiasme de l'âge précédent s'était refroidi. Les adoucissements apportés à ses statuts en 1473 par l'évêque Jean de Bar eurent pour résultat de relever momentanément le nombre de ses membres : réduits à 44 en 1480, ils étaient 89 en 1489; mais ce fut pour retomber à 57 en 1535[2].

Malgré ces signes d'une décadence prématurée, la Confrérie de Saint-Jean-l'Évangéliste ne disparut que dans la tourmente révolutionnaire; mais elle ne connut plus désormais la prospérité et la vogue qui avaient marqué son apogée au milieu du xive siècle.

---

[1] Collection DE TROUSSURES, *Mélanges*, quittance du 21 avril 1447.
[2] *Ibid.*, noms des confrères et sœurs en 1480, 1489 et 1535.

PIÈCES JUSTIFICATIVES.

I

Vente par Mathieu Maillart, bourgeois de Beauvais, et Marie, sa femme, à la Confrérie de Saint-Jean l'Évangéliste, d'une rente à prendre sur la maison de Barthélemy de Moy, sise à Beauvais, près du moulin du Ratel[1].

(10 février 1278, n. st.)

Universis presentes litteras inspecturis officialis Belvacensis salutem in Domino. Noverint universi, quod coram nobis personaliter constituti, Matheus dictus Maillart, civis belvacensis, et Maria ejus uxor, recognoverunt se vendidisse pro ipsorum utilitate ac necessitate et nomine venditionis in perpetuum concessisse fratribus Confrarie sancti Johannis evangeliste in ecclesia Sancti Petri belvacensis viginti duos denarios et obolum parisiensium annui et perpetui census, quos ipsi habebant ut dicebant et percipiebant annis singulis duobus terminis, videlicet undecim denarios in nativitate sancti Johannis Baptiste et undecim denarios et obolum in nativitate Domini, super domum Bartholomei dicti de Moy, que fuit quondam Balduini dicti Enguehart, sitam ut dicebant ad molendinum dou Rastel, inter domum que fuit quondam Rogeri de Ernondimonte ex una parte et domum Theobaldi le Makain ex altera, in predicto censu nichil exnunc penitus retinentes, et hoc pro viginti solidis parisiensium a dictis confratribus eisdem venditoribus in pecunia numerata plenarie persolutis, ut ipsi venditores recognoverunt coram nobis. Exceptioni non numerate, non tradite et non solute sibi pecunie omnique juris auxilio canonici et civilis renunciantes in hoc facto penitus et expresse, promittentes coram nobis dicti venditores fide ab ipsis prestita corporali quod in dicto censu vendito jure hereditario et specialiter dicto Maria uxor dicti Mathei ratione dotis, dotalicii, donationis propter nuptias seu alterius cujuscumque juris nichil in posterum reclamabit seu faciet reclamari, et quod contra venditionem census predicti per se vel per alium non venient in futurum, immo ipsi super dicto censu vendito predictis emptoribus et omnibus aliis ab eis causam habentibus et habituris legitimam garandiam portabunt erga omnes heredesque suos et omnia bona sua quoad hoc specialiter obligantes, confitentes et asserentes coram nobis dicti venditores se de dicto censu vendito in manu domini fundi desaisisse et de eodem dictos emp-

---

[1] Arch. départ. de l'Oise, G 762.

tores per ipsum dominum fecisse saisiri ac etiam investiri. In cujus rei testimonium presentibus litteris sigillum curie belvacensis duximus apponendum. Datum anno Domini millesimo cc° lxx^{mo} septimo, die jovis post octabas Purificationis beate Marie Virginis.

II

Chest li comptes pour le Confrarie Saint Jehan l'Euvangeliste, qui fu fais en l'ostel mestre Richart de Fourseignies l'an xxviii le mardi après l'Ascension [1].

(17 mai 1398.)

Premiers che dit mardi, il y avoit xiii^l v^s d'argent sec, qui demouroit en garde par devers mestre Richart de Fourseignies.

Item messire Honoré, chapelain de Saint Pierre, doit xi^l ix^s v^d de compte finable fait as confrères l'an et jour dessusd.

Item messire Gilles de Gerberoy doit xx^s vi^d de compte finable fait che dit mardi des recheptes faites par li pour le confrarie.

Item auvecs che, li dis messire Gilles doit faire venir ens et pourquachier lx^l xviii^s vi^d ob., qui sunt deus a le confrarie des arriérages des années xxv et xxvi, que il fu chensier.

Item messire Raoul de Granviller, vicaire de Saint Michiel, compta che dit mardi pour l'an xxvii, que il fu chensier, en le manière qui ensient :

Premiers les menus chens, qui sunt deus à le confrarie par an vallent xvii^l et xii^d ob.

Item li vins vaut xxii^s [2].

Somme toute xx^l xvi^s x^d ob., lesquieus li dis messire Raouls compta tous avoir rechus pour l'an xxvii, excepté xxxvi^s x^d que on doit encores, si comme il dit, des arriérages de chelle année. Et ainsins demeure qu'il a recheus xix^l et une obole des rentes dessusd.

Item il a rechut de le fame Symon de Bertecourt xx^s d'entrée.
Item de Perronnelle de Laigny xx^s de lais.
Item de Henri Besquet x^s de lais.

Somme que doit messire Raouls xxi^l x^s ob.

Che sont les mises et les paies qu'il en a faites : premier les iiii chapelains x^l.

Item pour le salaire dud. messire Raouls xx^s.

---

[1] A moins d'indication contraire, les documents qui suivent ont été extraits des *Mélanges* de la Collection de Troussures.

[2] Un troisième article, dont le montant s'élevait à la somme de ii^l xiii^s x^d, a été omis ici par le copiste.

M. l'abbé L. Meister.

Item pour le mangier de le Saint Jehan l'an xxvii x^s xvi^s ii^d.
Item pour reffections de mesons et pour chens paiés ix^s viii^d.
Somme des paies et des mises faites par messire Raoul xxii^l v^s x^d.

Et faite déducion des recheutes as mises par messire Raoul pour l'an xxvii de manière que on doit à messire Raoul xv^s ix^d ob., et pour che compter il doibt acquittier le confrarie du sallaire des chapellains et du mangier dessusd.

Et des xxxvi^s x^d que on doit a le confrarie d'arrierages du tems messire Raoul, rabattus les xv^s ix^d ob., que le confrarie debvoit aud. messire Raoul, demourront xxi^s et une obole que on doit d'arriérages que on doit à ledite confrarie pour l'an xxvii, lesquieux led. messire Raoul doit pourcachier à l'ayde des confrères.

Item doivent a led. confrarie Michiel Flabot et se fame, de leur entrée, xlii^s.
Item doit messire Pierres le Bourguignon pour s'entrée et pour les chens depuis que il entra.
Item doivent Pierres de Neele et se fame xlii^s pour leur entrée.
Item doit monseigneur de Mollaines xxii^s pour s'entrée et pour les chens d'un an.
Item Colart de Sommereus et se fame iiii^s ii^d d'entrée.
Somme que [le] confrarie peut avoir tant en debtes comme en argent sec pour les parties dessusdites...

Et fu fait che comptes presens mestre Richart de Fourseignies, messire Colart le Marglier, messire Honoré, messire Jehan de Sarcus, messire Franchois, Jehan Dessartiaus et Jehan Martel.

Mémoire de cheus qui ont donné chens, lesquieux on ne set ou prendre:
Premier, monseigneur de Mollaines a promis iiii^s.
Item Pierre Rapiue pour Marguerite de Neele doit v^s de chens, qu'elle a laissiés à le confrarie.
Item Aelis de Creeil a promis xviii^d de chens.

III

COMPTE DE LA CONFRÉRIE SAINT-JEAN L'ÉVANGÉLISTE, DEPUIS LA SAINT-JEAN 1329 JUSQU'À LA SAINT-JEAN 1330, RENDU PAR ADAM LANGLÈS, CENSIER DE LADITE CONFRÉRIE.

(10 mai 1330.)

Anno xxx. Recepte facte pro Confratria bī Johannis Evangeliste per dominum Adam Auglicum censuarium tunc temporis:
Die martis v^a, in festo beati Honorati, quod est in octaba beati Nicho-

lay, dictus dominus Adam recepit a Johanne Marpaut pro uxore sua de introitu suo in dicta confraria xl^s.

Item sabbato per octabam Sancti Sacramenti ab executoribus Johannis Plantongnon xx^s.

Item a Galtero de Tueffles viii^s vi^d.

Item ab executoribus Johanne de Recule, uxoris quondam Simonis Martel junioris, die lune ante nativitatem beate Marie x^s.

Item die lune post festum Sanctorum Luce et Justi, a Brioys famulo magistri Guidonis canonici Sancti Nicholay xlv^s.

Item ab executoribus uxoris Johannis Hopin x^s.

Item unum florenum pro pretio xx^s a domino Johanne de Auchyaco, in festo sancti Mauri.

Expense facte per dictum censuarium :

In primis, Magistri dicte confraternie tenebantur de censuario qui computavit cum eis in domo magistri Francisci in quatuor libris et decem solidis debilis monete.

Item sabbato per octabas Sancti Nicholay estivalis pro supertunicali Petri de Plaingnes xx^s fortis monete.

Item pro torquando domum Johannis de Bellomonte xviii^d.

Item pro emendando cursum aquarum ante cameras iiii^d.

Item Guillelmo militi pro cartis domini de Mollains scribendis et sigillandis vii^s, presente magistro Francisco in domo sua die Sancti Martini estivalis.

Item capellanis beati Vincentii in ecclesia belvacensi pro termino Sancti Johannis xii^d.

Item die lune post nativitatem beate Marie [pro] vino presentato domino officiali penes magistrum Ernaudum xxxii^d.

Item Johanni le Coaille pro cameris reparandis et cooperiendis v^s viii^d.

Item pro breviculis de novo factis renovatis ix^s.

Item censuario Sancti Lazari pro fundo terre camerarum iiii^d pro termino Sancti Remigii.

Item pro casula rubea reparanda vi^d.

Item pro cerra arche reparanda vi^d.

Item pro tribus cincturis ii^s.

Item die mercurii ante Purificationem pro carta Renaudi Triboul facienda ii^s.

Item pro sigillo ejusdem vi^d.

Item pro archa empta ad reponendas mappas et cetera lintheamina ix^s.

Item pro igne ad calefaciendas manus capellanorum ii^s.

Item pro eundo extra villam quesitum procurationem a domino Belvacensi concessam, expense iiii^s.

Item pro copiando et sigillando eamdem xii^d.

Item pro quatuor capellanis altari dicte confraternie celebrantibus xii libr.
Item pro clerico dictorum capellanorum xxiiii^s.
Item pro pane benedicto ii^s.
Item pro salario dicti censuarii xxx^s.

Expense pro convivio :
Pane xxx^s vi^d.
Item vino lxxvii^s.
Item butiris iiii^s.
Item bosco pro coquinaria xx^d.
Item fructu iii^s.
Item pisis xxxiiii^d.
Item farre et scabis iii^d.
Item Margarete Lespissière vitris, scudellis, viridisutto et potis de terra ix^s vi^d.
Item persin ii^d.
Item curis et situlis vi^d.
Item karterio salis xvi^d.
Item pro vino pro familia xii^d.
Item poreta vi^d.
Item herba xviii^d.
Item pro albis altaris parandis iiii^d.
Item pro famulis coquinarie, vigilia et die convivii ix^s.
Item pro merellis xxviii^s vi^d.
Item pro piscibus marinis xxxv^s.
Item Johanni servianti capituli xvi^d.
Item pastillario xiii^s.
Item pro caseis, pro pisis xvi^d.
Item pro mappis et manutergiis lavandis xvi^s.
Summa convivii x^l xviii^s vi^d [1].

Arrerag. dicte confraternie :
Guillelmus de Ellencurte v^d ob.
Dominus Stephanus de Sarnoy x^d.
Relicta Johannis Planteognon x^d.
Maria Milonne ii^s per litteras.
Stephanus de Credulio ii^s.
Dominus Petrus de Malbodio dimidium modium vini.
Thomas Anglicus vi^d.
Item idem vi^d.
Item idem pro litteris vi^d.
Item fratres predicatores ix^d ob.

[1] Sic. — L'addition donne en réalité xi^l iii^s vii^d.

Heredes Johannis Beket II*.
Magister Ernaudus de Laingniaco IIII*x^d.
Nichasius de Dommeliers II^d ob.
Johanna de Cuignieres XL* per litteras.
Odo Louveti de Mariscello pro dimidio modio vini Johannis de Credulio XVI* per litteras.
Dominus Johannes de Troussencourt III*.
Dominus Colardus de Fourceignie x^d.
Thomas Anglici XI^d ob.
Guillelmus de Cruce v^d.
Petrus de Frumentaria xv^d.
Nichasius de Hamello XVI^d.
Dominus Johannes de Auchiaco IIII*.

IV

Compte de la Confrérie Saint-Jean l'Évangéliste, depuis la Saint-Jean 1333 jusqu'à la Saint-Jean 1334, rendu par Jean Caroni, curé de Heilles, censier de ladite confrérie.

(10 mai 1334.)

Anno Domini M° CCC° tricesimo quarto, die martis post festum beati Johannis euvangeliste, computavit Johannes Caroni, curatus de Heilles, censuarius dicte confraternie.

Et valuit summa censuum in argento in omnibus de anno XXXIII° pro IIII^{or} terminis XXIX^{l}XI*.

Item recepit dictus J. pro dimidio modio vini II*.
Item de legatis Domini de Grandovillari x*.
Item de legatis magistri Guidonis de Castro archato xx*.
Item de legatis Francisci de Castro archato LX*.
Item de legatis Agnetis de Ponchon x*.
Item de legatis Johanne de Cauvegny x*.
Item de legatis Petri de Albengnes xx*.
Item de legatis Johannis de Langlet v*.
Item de legatis uxoris quondam Johannis de Castro v*.
Item de introitu S. de Lourmel XL*.
Item de Simone de Cauvegny pro XII^d de censu, quos legavit Hebertus de Cauvegny.
Item de introitu Simonis et ejus uxoris LX*.
Summa XLI^{l}XIIII*.

Ecce missiones quam misit dictus J. de censibus anni trecentesimi tertii tam pro capellanis quam pro aliis expensis :
Primo, quatuor capellanis qui deserviunt capellam xii^l.
Clerico xxx^s.
Pro procuratore xxx^s.
Pro renovando cereum confraternie cum aliis ii^s.
Capellano Sancti Vincentii xii^d.
Sancto Lazaro iiii^d.
Pro quadam patella ferrea vel erea ad calefaciendas manus capellanorum in hieme iiii^s.
Item vi^d pro carbone.
Una libra cere combusta in capella ii^s.
Expense pro pane benedicto ii^s.
Item solvit dictus J. exequtoribus domini R. de Magnovillare xiii^s viii^d, qui debebantur ei per suum compotum ultimo factum.

Pro expensis factis die Sancti Johannis :
1° pro ovis datis pauperibus xi^s vi^d.
In pane in omnibus xl^s.
Pro denariis datis pauperibus et propter defectum ovorum ix^s ii^d.
Pro pisis datis pauperibus iii^s.
Pro bourretis xvi^d.
Pro carbone, spicis, sale, aus et portagiis piscium vi^s viii^d.
Pro caseis, flatonibus et ovibus, vi^s vi^d.
Pro butiris vi^s viii^d.
Pro poreta iii^s.
Pro verjus, vin aigre xviii^d.
Pro piscibus Johanni Haquet lxiii^s.
Pro quoquo et aliis famulis, qui posuerunt mensas et apportaverunt vinum et posuerunt mensas et reportaverunt vasa et mondaverunt capitulum et quoquinam v^s viii^d.
Pro locagio vitrorum, potorum et aliarum rerum iii^s vi^d.
Pro herba xvi^d.
Subdiaconibus Sancti Petri pro lectura xii^d.
Famulo capituli xii^d.
Pro lavando mappas, doubleria et ornamenta capelle et reparando ea xviii^d.
Pro merellis xii^d.
Johanni de Laigny pro duabus procurationibus ii^s.
Summa totalis x^l iii^s pro expensis (*sic*).
Summa totalis xxvi^l viii^s vi^d.

Arrerag. de anno xxxiii° :
Primo, dominus Colardus de Foursegnies x^d.

Au dos est écrit :

Vechi cheus qui sunt entrés en le confrarie, qui doivent :
Messire Jehan de Maisonchelles xx°.
Messire Beretemilg de Calemandras.
Le recheveur de Reauvès.
Maistre P. de Rochi.
Messire Pierre de Marisco.
Johan Walleran et se fame.
Le fame Simon Martel.

V

Hec sunt nomina confratrum et consororum Confraternie Sancti Johannis evangeliste in ecclesia belvacensi, acta anno Domini m° ccc° tricesimo quinto, in festo beati Johannis in mayo.

(6 mai 1335.)

Magister Ernaudus de Lagnyaco et ejus uxor.
Theobaldus Doliarius[1] et ejus uxor.
Johannes de Moillieus et ejus uxor.
Colardus de Senarpont et ejus uxor.
Johannes de Santta Eusebia et ejus uxor.
Johannes Dessartiaus et ejus uxor.
Regnaut Michiel et ejus uxor.
Johannes Martel et ejus uxor.
Johannes Hopin et ejus uxor.
Johannes le Feuilleur et ejus uxor.
Johannes de Super aquam et ejus uxor.
Johannes de Gamaches et ejus uxor.
Michael Flabot et ejus uxor.
Thomas Aurifaber et ejus uxor.
Gautier de Tueffles et ejus uxor.
Symo Martel et ejus uxor.
Jacobus Poterius et ejus uxor.
Johannes Marpaut et ejus uxor.
Johannes Walleren et ejus uxor.
Egidius de Reculé et ejus uxor.
Johannes de Sailleville et ejus uxor.
Johannes le Wautier et ejus uxor.
Symo de Cauvegny.

[1] Le Tonnelier.

Magister Walterus Hesselin.
Robinus le Messagier.
Guillelmus de Roya.
Johannes Lonbardus.
Petrus de Nigella.
Bernerus de Fourmentaria.
Egidius Caroni.
Guillelmus de Ulmo et ejus uxor.
Petrus de Credulio.
Petrus de Credulio, junior.
Berthaudus de Credulio.
Petrus Aurifaber.
Michael Bauduin.
Johannes de Castro.
Colardus de Sommereus.
Theobaldus Saderon.
Maria Milone.
Le fame Johan de Sachy.
Le fame Johan Le Clerc de le Ville.
Yfaine de le Bassée.
Le fame Berthaut Beket.
Le fame Pierre ad Alungnes.
Le fame Johan Plantongnong.
Le fame Mile le Taneur.
Agnès de Monchi.
Marie de Paris.
Peronnele de Trois sereurs [1].
Le fame Johan de Langlet.
Le fame Ligier.
Johanne de Glategny.
Le mère messire Johan de Sarcus.
Agnès Moutarde.
Agnès de Chambli.
Dominus G. de Mollains.
Dominus Bartholomeus de Calemandrane.
Dominus Johannes de Sancto Justo.
Gerardus de Longo Logo.
Magister Johannes de Noyers Montcornet.
Dominus Johannes de Dommelis.
Dominus Petrus Burgundus.
Dominus Petrus Latomi.

[1] Troissereux.

Dominus Robertus Mainahart.
Dominus Nicolaus de Harmis.
Dominus Johannes de Auchiaco.
Dominus Robertus Coutarii.
Dominus Jacobus Rommant.
Dominus Nicolaus de Foursegnies.
Dominus Petrus de Ebroicis.
Dominus Johannes, curatus Sancti Petri.
Dominus Radulphus de Furno.
Dominus Colardus de Campis.
Dominus Johannes de Sarcus.
Dominus Johannes Clignet, capellanus de Credulio.
Dominus Egidius de Gerboredo.
Dominus Petrus de Hodenco.
Dominus Johannes Caroni, curatus Sancti Jacobi in ecclesia Beate Marie de Mouchiaco Castro.
Dominus Michael Albargues, sigillifer.
Dominus Johannes Morain.
Stephanus Bonardeli.
Magister Petrus de Rochi.
Dominus Johannes Pentin, alias de Juvegnies.
Dominus Simon Randie, curatus Sancti Salvatoris.
   Defuncti de anno xxxiiii°.
Petrus Matricularius.
Florentia de Gannes.
Adia le Coutière.
Uxor Egidii Caroni.
Magister Ricardus de Foursegnies.
Relitta Johannis iiii ans.

VI

COMPTE DE LA CONFRÉRIE SAINT-JEAN L'ÉVANGÉLISTE, DEPUIS LA SAINT-JEAN 1334 JUSQU'À LA SAINT-JEAN 1335, RENDU PAR JEAN CARONI DE SARCUS, CENSIER DE LADITE CONFRÉRIE.

(16 mai 1335.)

Anno Domini м°ccc° tricesimo quinto, die martis ante translationem beati Geremari abbatis, computavit Johannes Caroni de Sarcus, censuarius Confraternie Beati Johannis evangeliste, de censibus dicte confraternie et aliis receptis per eum factis :

Primo vallent census in omnibus xxix¹xiiii'.
Item recepit pro dimidio modio vini vi'.

Item de introitu domini Bartholomei de Calemandrane xl*.
Item de introitu magistri Petri de Rochi xl*.
Item de introitu domini Johannis Martin recepit xxx*.
Item de introitu domini Petri de Ebroicis xx*.
Item de introitu uxoris Simonis Martelli xxx*.
Item de introitu Johannis Waleran et ejus uxoris lx*.
Item de introitu uxoris   de Ulmo xxxv* ii^d.
Item de introitu domini Simonis, curati Sancti Salvatoris, xxxii*.
Item de introitu relicte Johanne Marie et ejus mariti defuncti xl*.
Item de introitu Agnetis Montarde de Gerboredo xxx*.
Item de introitu Petri de Credulio junioris, dedit pro introitu ii* cens.
Item de legatis Florentie de Gannes xx*.
Item de legatis relicte Egidii Caroni x*.
Item de legatis Adie Custurarie x*.
Item de argento, quod erat in pixida xxi* viii^d.
Item pro duobus introitibus ii*.

   Summa omnium premissorum li^l ii* x^d.

Item de arreragiis domini Johannis de Troissencourt xii*.
Item de Johanne de Bragella ii*.

   Summa totalis li^l xvi* x^d.

Ecce missiones facte per predictum J. Caroni de Sarcus procuratorem :
Primo quatuor capellanis qui deserviunt capellam xii^l.
Item clerico xxx*.
Pro salario procuratoris xxx*.
Capellano capellanie Sancti Vincentii pro censibus xii^d.
Domui Sancti Lazari pro censibus iiii^d.
Pro carpone combusto in capella in hyeme ii*.
Pro quadam clavi posita in loco, in quo reponitur carbo vi^d.
Pro renovando cereum et torcham et pro duabus libris de cera nova vi* x^d.
Pro expensis factis pro eundo quesitum panem benedictum vi* ii^d.
Pro lavando ornamenta capelle et reparando ea et omnes mappas, doubleria et manutergia ii*.
Pro elemosina facta Agneti relicte Theobaldi de Monchy per manum dicti procuratoris vi* vi^d de voluntate confratrum.
Item per manum Johannis de Castro per procuratorem xxv* ii^d.
Item pro scribendo constitutionem confraternie semel xvi^d.
Pro grossando dictam constitutionem ii*.
Pro expensis factis in omnibus pro convivio de festo Sancti Johannis, quod factum fuit die lune sequente xii^l x* ix^d; partes patent a tergo istius rotuli.

   Summa premissorum xxx^l iiii* vii^d.

Sequuntur arreragia de anno xxxiiii :

Primo Franciscus Chemite viii^d.
D. Petrus de Malobodio dimidium modium vini...
Guillelmus de Ellencuria xxv^d ob.
Dominus Stephanus de Sarnoy x^d.
Petrus de Nigella iiii^s vi^d.
Thomas Anglicus v^s i^d.
Johannes de Abbativilla xxx^s.
Johannes Miniax, alias de Cruce. xxviii^d.
Magister Guillelmus Richerii ii^s.
Magister Ernaudus de Laignyaco iiii^s x^d.
Johanna de Cuigneriis v^s ii^d.
   Summa arreragiorum lix^s vi^d ob.
   Summa tam arreragiorum quam aliarum missionum xxxiii^l iiii^s i^d ob.

Et sic facta deductione, dictus J. debet confraternie xviii^l xii^s viii^d ob, de quibus solvit xviii^l par.

Expense facte pro convivio festi sancti Johannis evangeliste :

Primo in pane xxxv^s ii^d.
Subdiacono qui legit lectionem ad prandium xii^d.
In vino francisco xxix^s ii^d.
In vino de sancto Johanne xiii^s iii^d.
Pro carnibus lxxv^s.
Pastillario pro in pastare et pro tartis xxii^s.
Pro anguillis xxxvi^s.
Pro quodam caseo ii^s.
Pro pomis et nucibus ii^s.
Pro sale xii^d.
Pro aleis viii^d.
Pro uno quarterio de viridi succo xv^d.
Pro bourretis xliii^d.
Pro poreta iii^s i^d.
Pro vino pro quoquina iii^s iii^d.
Pro portagiis vi^d.
Pro quoquinario et aliis adjutoribus vi^s vi^d.
Pro herba xii^d.
Pro locagio vitrorum, potorum et aliarum et pro decasu iii^s vi^d.
Pro denariis datis pauperibus viii^s ix^d.
Pro spicis x^d.
Famulo capituli xii^d.

VII

COMPTE DE LA CONFRÉRIE SAINT-JEAN L'ÉVANGÉLISTE, DEPUIS LA SAINT-JEAN 1335 JUSQU'À LA SAINT-JEAN 1336, RENDU PAR JEAN CARONI.

(13 mai 1336.)

Anno Domini m° ccc° tricesimo sexto, die lune post festum beati Nicolai estivalis, computavit Johannes Caroni de censibus Confraternie Sancti Johannis evangeliste et aliis receptis per ipsum factis.

Primo vallent census in omnibus in argento sicco xxix^{l}xiiii^s par^s, de quibus deducte desunt arreragie.

Item recepit pro dimidio modio vini v^s.

Item pro uno modio cum dimidia a Domino P. de Malobodio pro tribus annis xii^s.

Item debebat dictus J. de residuo de xviii^{l}xii^{s}viii^d. — xii^{s}viii^d.

Item a domino J. Malet pro arreragiis censuum anni xxxiii^{ti}ii^s.

Item a Petro de Nigella pro dicto anno iiii^{s}vi^d.

Item a magistro Guillelmo Richerii pro duabus annis iiii^s.

Item de legatis Petri le Bochu x^s.

Item de legatis domini Honorati de Conteyo x^s.

Item de legatis domini Ade Anglici iiii^s.

Item de legatis domini Reginaldi d'Anières xx^s.

Item de restitutione Emeline Anthine vi^s.

Item de oblationibus que erant in pixida xx^s.

Item de Petro de Credulio juniori ii^s.

Item a Johanne de Castro xii^d.

Summa receptionum xxxv^{l}vii^{s}ii^d.

Hec sunt missiones facte et solute per predictum J. pro anno trecentesimo tricesimo quinto.

Primo quatuor capellanis xii^l par.

Clerico, qui servivit capellanos xxx^s.

Pro salario procuratoris xxxx^s.

Capellanis altaris sancti Vincentii xii^d pro censibus.

Item sancto Lazaro pro censibus iiii^d.

Pro carbone in capella combusto ii^s.

Pro duabus libris de cera nova cum dimidia iiii^{s}viii^d.

Pro renovando magnum cereum et duas torchas viridas iiii^{s}ii^d.

Pro expensis factis pro eundo quesitum panem pro celebrando missas ii^s.

Pro una roba data famulo confraternie xiiii^s.

Pro uno huchello ferrato cum duobus agnulis et pro defferendo eum in domo Reginaldi Michaelis et faciendo serruras xxi^{s}vi^d.

Pro reparando brachali campane xii^d.
Pro tela de qua facte fuerunt tres polimite et iiii^{er} amicti xvi^s.
Pro factura earumdem et reparando albas ii^{s}vi^d.
Pro decasu monetarum, videlicet de xviii^l quas tradidit magistris confraternie v^{s}vi^d.
Pro citatione et obligatione Johannis de Abbativilla vii^d.
Pro expensis litterarum Thome Anglici...
Pro expensis factis contra Dionisium Lutatorem xxxii^d.
Pro duabus columpnis de capella et una scamelo pro ponendo librum desuper altare xi^{s}vi^d.
Pro situando dictas columpnas xxiii^d.
Pro calce et sabulo ac plastro xii^d.
Pro vino dato operariis xii^d.
Pro duabus lapidibus ii^{s}vi^d.
Pro ferraturis xl^s.
Pro reparando duas infulas et pro sandalo v^s.
Pro eleemosina facta Marie de Monchiaco, videlicet pro qualibet cbdomada xii^d, summa lii^s.
Pro expensis factis ad prandium in die sancti Johannis xiii^{l}i^{s}i^d, prout patet a tergo.
Summa xxxviii^{l}viii^{s}i^d.

Expense facte per Theobaldum et S. de Cauvegny:
In pane xxix^s.
Pro vino francisco xxx^s.
Pro vino de sancto Johanne xxv^s.
Pro ovis datis xii^{s}ii^d.
Pro denariis datis viii^{s}x^d.
Pro bourretis et carbone iiii^{s}iiii^d.
Pro pisis datis xx^d.
Pro buthiris iiii^{s}x^d.
Pro sale xii^d.
Pro vino pro quoquina ii^s.
Pro poreta et aliis xxix^d.
Pro pastillario xxi^s.
Pro anguillis xxxii^s.
Pro piscibus marinis lxi^{s}vi^d.
Pro spicis v^{s}vi^d.
Pro viridi succo et aceto xx^d.
Pro pomis et nucibus iii^{s}ii^d.
Pro famulis v^s.
Pro locagio potorum et vitrorum et decasu iiii^s.
Pro I quarterio salis xii^d.

Pro herba xii^d.
Pro subdiaconibus Sancti Petri pro lectura xii^d.
Item famulo capituli xii^d.
Pro lavando mappas, doubleria et alia ii^s.

VIII

FRAGMENT DU COMPTE DE LA CONFRÉRIE SAINT-JEAN L'ÉVANGÉLISTE, DEPUIS LA SAINT-JEAN 1344 JUSQU'À LA SAINT-JEAN 1345, RENDU PAR RAOUL LE CLERC [1], PROCUREUR DE LADITE CONFRÉRIE.

(Mai 1345.)

. . . .

Item Drieu le Lavendier vii^d.
Mahieu de Sauchoy ix^d.
Aubri Le Moigne xxx^d.
Pierre Lignier viii^d.
Pierre Willan xii^d.
Relicte Rob. Willeren iii^s.
Guillaume Loir Campremi ii^s.
Le hoirs Thomas de Auchi xii^d.
Jehan le Corduengnier viii^d.
Michié Flabout xxii^d.
Miquiel le Couvreus v^s.
Ph. de Villers et se fame xii^d.
Jehan de Creeil demi mui de vin de xv^s.
Mestre Ernaut de Lagni xiii^d.
Geffroy le serrurier iii^s.
Pierre Bourdon xxx^s.
Thibaut Bequet iiii^s.
Jehan Bequet et sen fil iiii^s.
Jehan Hopin xii^d.
Miquiel de puille xii^d.
Jehan Bequet le joine et sen fame ii^s.
    Somme de thous les chens xxxi^l ix^s iii^d.

Che sunt les lès qu'à lesié à le Conflarie de l'en xliii :
Premier de Yfaine de Creeil xx^s paié par Jehan de Saint Ysoie.
Item de Perrenelle Quenniveste xxx^s paié par led. Jehan.

---

[1] Ce nom nous est donné par le compte de l'année suivante.

Item rechus du dîner le jour de feste iiii¹viˢ, tant des premiers assis que des serv[ants] et fut de chacun xii^d (1).

Somme des lès et du diner vi¹xviˢ.

Somme toutte tant des chens que des lès xxxviii¹vˢiii^d.

Che sunt les mises que ledit Raoul a mises pour leditte conflarie et pour l'en dessusdict, c'est à sçavoir :

Pour les iiii chapellains deservans le chapelle deledite conflarie pour chascun chapellain lxˢ vallent xii¹.

Item pour les hournemens laver et réparer xii^d.

Item pour pain à quanter xii^d.

Item pour le luminare et fet contre vans len (?) et renouvellé a le feste Saint Jehan xiiiiˢvi^d.

Item pour le clerc qui dessert le chapelle xl.ˢ.

Pour unne vergne à le verrière xii^d.

Somme xiii¹xviiˢvi^d.

Item pour les despens fès le jour de le feste [Saint] Jehan pour le disner :

Pour pain xxxi˟.

Pour vin quiex mestre Robert Dechaus lviii˟viii^d.

Pour vin au vallet xx^d.

Pour poisson lxi˟.

Pour eufs et pour bures xxxiiii˟.

Pour pois vii˟.

Pour fourmaches v˟.

Pour pommes et nois xxxiiii^d.

En quennelle et en gingembre iiii˟vi^d.

Pour vin aigre et vrejus iiii˟vi^d.

Pour sel xv^d.

Pour carbon et bourriées v˟viii^d.

Pour faire de pasticherie vi˟.

Pour louage de pos, de voirres et des escuelles vi˟.

Pour erbe pour le capelle et pour le salle xii^d.

Pour chervoise ii^d.

Pour Robert butier, qui fit le cuisine vi˟.

Pour le vallès servant en cuisine v˟.

Pour le serjant de capitre ii˟.

Pour le clerc qui lut au mangier xii^d.

Pour buer les napes ii˟.

Pour les povres xi˟vi^d.

---

(1) Cet article nous montre que cette année-là les convives étaient au nombre de 86.

Pour mestre les taules iiii^d.

Somme pour les despens du disner xv^l viii^s i^d [1].

Item pour le vallet qui porte le cloquette iiii^s pour iiii cris.

Item vi^d audit vallet pour porter les meriaus.

Item pour les lestres copier xii^s.

Pour Robert le messagier xviii^s.

Pour le vin à porter de rente qui est deue as confrères ii^s.

Item à messire Michiel le Berruier xv^s pour le terme my mais, lesques xv^s messire Jehan de Vi doibt à le capelle restituer, et doivent estre décontés oudit Raoul de le somme qu'il peut debvoir a leditte somme.

Item pour un vallet envoié à Paris iii^s.

Item pour le salaire de queulier lé chens xl^s.

Somme des mises faittes par ledit Raoul iiii^l xiiii^s vi^d.

Somme de touttes les mises fettes par led. Raoul tant comme pour le disner que pour aultres choses xxxv^l i^d.

Et ainsi reste que led. Raoul doit ausdis confrères lxv^s ii^d et on li doit les arriérages qui ensieuvent :

Premier, capitre Saint [Pierre] de Biauvès vi^d.

Messire Guillaume d'Ellencourt, chevallier, xii^d.

Messire Jehan Malet iiii^s.

Messire Colart de Fontegnies x^d, doit messire Guillaume de Gaillon.

Messire Guillaume Delcourt, chevallier, ii^s i^d.

Jehan Malet vi^d.

Les frères meneurs ii^s.

Robert le Petit xii^d.

Les hoirs Pierre de Neel iiii^s.

Bertaut le talieur xii^d.

Estienne de Creeil xii^d.

Pierre de Neelle xii^d.

Pierre Trenchant et ses conpens ii^s.

Ledit Pierre xxxi^d ob.

Les frères Precheur xix^d.

Martin le butier et sen conpen xii^d.

Jehan le Cresonnier xviii^d.

Drieu Gondouin xii^d.

Les frères meneurs xii^d.

Evrart de Lihus et Jehan de Abeville lx^s.

Les frères meneurs xii^d.

Le fame Drieu Moignel xii^d.

---

[1] *Sic.* — En réalité, l'addition des divers articles donne xii^l xviii^s i^d ; mais il est à présumer que le copiste a fait quelque omission ; car la suite du compte montre que la dépense du dîner fut effectivement de xv^l viii^s i^d.

Jehan Thomas fil en mille [1] de Grez xii^d.
Mestre Ernault de Laugny iiii'x^d.
Laurens Coy de Roy [2] iii'.
Jehan le Cordoengnier viii^d.
Philippe de Villers xii^d.
Mestre Ernaut de Lagny xiii^d.
Jehan Bequet le jonne ii'.

. . . .

Somme des arrierages ix'vii'v^d ob. et ainsi doivent lesdis confrères aud. Raoul vi'ii'iii^d ob., de laquelle somme ledit Raoul a recheu de l'argent de le boite xi'viii^d. Item par le main des nouviaus maistres de l'argent du thresor de la conflarie cx'vii^d ob.

Ainsi furent les dis confrères quites et sont deus les arriérages dessusdis aus confrères, si comme il apert par le conte dudit Raoul.

IX

C'EST LA RECEPTE FAITE PAR MOY RICHART DE LANNOY, CHAPELAIN EN L'ÉGLISE DE BIAUVÈS, POUR LA CONFRARIE DE SAINT-JEHAN L'ÉVANGÉLISTE EN LAD. ÉGLISE DEPUIS LA FESTE DUD. SAINT QUI FU L'AN XLV JUSQUES À L'AUTRE FESTE L'AN XLVI.

(Mai 1346.)

Premier pour arrérages du tems messire Jehan de Vi et Raoul le Clerc de led. confrarie à moy bailliés pour quellir :
Premier, de messire Jehan Mallet ii'vi^d.
Item de Bertaut le taillieur xii^d.
Item de Renaut Bouvet, qui fu baillié en arrérages pour xxvi', receu xiii'.
Item pour Thoumas, fils Amile de Grès xii^d.
Item pour Jehan Bequet le joine ii'.
    Somme xix'vi^d.
Item du lais Jehan Martel et se femme x'.
Item du lais de Perenelle de iii sereurs ii'.
Item du lais Jehan de Tricot v'.
Item du lais messire Jehan de Vis pour une cote vendue viii^d.
Item pour un mui de vin que led. confrarie a de rente chascun an, vendu vii'.
Item pour les deniers des corps liii'.
Item pour les cens de lad. confrarie xxx'xi'iii^d ob.

[1] Fils d'Amile de Grez (cf. compte de 1346).
[2] Laurens Cuer de Roy (*ibid*).

Item de Thomas de Ménil et de Jehanne se femme pour leur entrée III¹.
Item pour l'entrée de x confrères, de chascun XII^d, valent en somme x˙.
Item pour les offrendes de le boite XXV˙X^d.

    Somme toute XLI¹V˙III^d ob.
    Mises faites des receptes dessusd.
    Premier pour cendal vermeil, soie, ruben et fil à rappareillier II casubles et les courtines qui sont entour l'autel XII˙VI^d.

Item pour le luminaire de le chapelle pour tout l'an et pour renouveler le grand chierge et le torche tout de nuef XXI˙.
Item pour les IIII chapellains qui desservent led. chappelle XII¹.
Item pour le clerc qui aide à chanter et pour le salaire du procureur III¹.
Item pour VIII sautiers qui ont esté dit à VIII corps trespassés en ceste année, pour chascun v˙, valent XL˙.
Item donné du commandement des maistres de le confrarie à Michiel qui sonne le cloquete II˙.
Item pour refere le pavement de le chapelle VI^d.
Item pour faire apporter le vin que led. confrarie a de rente XXVI^d.
Item mises faites le jour que les confrères de led. confrarie dinèrent ensemble ^(1) XVI¹II˙VI^d.
Item pour arrérages de ceste presente année dehus des personnes qui s'ensieuvent :
    Premier pour Saint Pierre VI^d·
    Paroisse Saint Hipolyte.
Item pour le meson Guillaume de Eslencourt à le Porte de pierre pour tout l'an II^s II^d.
Item la femme Robert Petit tanatoris pour tout l'an XII^d.
    Sainte Marguerite.
Item Guillaume le paintre VI^d.
    Saint Sauveur.
Item seur un estal en le loye que soloit tenir Phelipot Saget IIII˙.
Item Estene de Crecl ou chapitre de Saint Michel XII^d.
Item Renaut Bouvet boucher XIII˙II^d.
    Saint André.
Item Pierre Trenchant huchier IIII˙VIII^d.
    Sainte Magdelene.
Item Evrart de Lihus pour tout l'an LX˙.
    Saint Vaast.
Item maistre Arnaut de Laigny pour tout l'an IIII˙X^d.
Item Lorens Cuer de Roy LX˙.
Item Pierre de Biaulevrier et le femme Gardabos IIII^d.
Item Florens de Cuignières pour tout l'an III˙.

---

(1) Le détail de cet article est donné plus haut, p. 9.

Item Jehan le Cordouanier viii^d.
Item maistre Arnaut de Laigny xiii^d.
Item les hoirs Emmeline, jadis femme Philippe de Villers xii^d.
Item Alis le Barbière de Saint Lorent ii^s.
  Somme d'arrérages vii^l xix^s xi^d.
De che paié par le main messire Guérart de Saint Denis, procureur de le confrarie l'an xlvii, xxxvi^s v^d.

X.

RECEPTE FAITTE PAR GUÉRART DE SAINT DENIS, PRÊTRE, POUR LE CONFRARIE DE SAINT JEHAN L'EVANGÉLISTE EN L'ÉGLISE DE SAINT PIERRE DE BIAUVÈS, DEPUIS LE FESTE SAINT JEHAN DESSUSD., QUI FU L'AN XLVII.

(Mai 1348.)

Arrérages depuis messire Ricart de Lannoy, capelain en l'église de Biauvès :
Pour le meson Guillaume Delcourt du costé le Porte de pierre vi^d.
Item de le relicte Robert Petit.
Item Pierre de Biaulevrier et le relicte Garbados.
Item Aelis le Barbière de saint Lorens.
Item les entrées Jacques de Francastel xii^d.
Me Jehan de Grantpré ii^s.
Item Thiébaut Béquet le joine pour lui et se femme iiii^s.
Item pour les lais Monsr de Lonlu, pour iii warnemens vendus iiii^l ii^s.
Item des lais Agnès Maugière vi^s.
Item pour un mui de vin qui est deu chascun an à le confrarie xx^s.
Item pour les chens de led. confrarie xxx^l viiii^s i^d.

  Mises faittes des receptes dessusd.
Pour le carbon qui a esté ars en le capelle xx^d.
Item pour le lettre messire Philippe Lecouvreur ii^s.
Item pour le clerc qui ala querre le pain à canter pour le capelle xii^d.
Item pour les quatre capellains de led. capelle xii^l.
Item pour le salaire du clerc xl^s.
Item pour le procureur de led. confrarie xl^s.

  Item autres mises faittes le jour de led. confrarie l'an xlvii :
Premier, en erbe qui fu estendue en le capelle che jour vi^d.
Item en char pour donner aus povres le jour dessusd. xxxvii^s.
Item pour les vallés qui aportèrent lad. char vi^d.
Item en pain pour donner aus povres xiiii^s.
Item en sel xvi^d.

Item en pois pour donner aus povres iiii'.
Item en bourriées pour faire le cuisine xiiii^d.
Item pour le vallet qui fist le cuisine xii^d.
Item pour le vin qui fu envoié au frère qui presche v'.
Item pour le vin qui fu bu en le cuisine et en le meson messire Michel Audiguet iii'.
Item pour l'argent qui fu donné aus povres xi' iiii^d.
Item pour le luminaire de le capelle xxxi'.
Item pour la procuration qui fu rescripte viii^d [1].

XI

Vechi les noms des confrères de le Confrarie Saint Jehan l'Evangéliste.

(S. d. — vers 1350 [2].)

Messire Guillaume de Farciaus, chantre de l'église de Beauvez.
Item Guérart de Lonclu, sous chantre de Beauvez.
Mestre Jehan de Grantpré, canoine de Saint Pierre.
Messire Jehan de Saint Just, canoine de Beauvez.
Messire Michel Albargnes, penitanchier de Beauvez.
Messire Berthemil de Calmandras, canoine de Beauvez.
Messire Guérart de Terines, canoine de Beauvez.
Messire Jehan de Auchi, capellain de Saint Pierre.
Messire Robert Mainart, capellain de Saint Pierre.
Messire Nicole de Harmes, capellain de Saint Pierre.
Messire Jaque des Ogles, capellain de Saint Pierre.
Messire Pierre de Vieuzes, capellain de Saint Pierre.
Messire Geoffroi de Vienne, capellain de Saint Pierre.
Messire Richart de Lannoi, capellain de Saint Pierre.
Messire Michel le Bernier, capellain de Saint Pierre.
Messire Robert le Coutier, capellain de Saint Pierre.
Messire Adam Coillier, oste de Saint Pierre.
Messire Nicolle de Fointeniez, oste de Saint Pierre.
Messire Estienne Bonnardel, canoine de Saint Nicolas.
Messire Philippe Barbet, canoine de Saint Nicolas.
Messire Jehan Patin, capellain de Saint Nicolas.

[1] La fin du compte manque.
[2] Cette liste est postérieure à 1347, puisque Jacques de Francastel, Jean de Grantpré et Thibaut Becquet le jeune et sa femme, qui furent reçus cette année-là dans la confrérie, y sont nommés (voir le compte de 1348), et antérieure à 1353. A cette dernière date en effet Pierre de Longlieu avait succédé à Guérart de Longlieu dans la dignité de sous-chantre.

Messire Collart de Caus, canoine de Saint Michiel.
Messire Simon Randie, prestre.
Messire Gille de Gerberoy, prestre.
Messire Jehan Clugnet, prestre.
Messire Jehan Le Caron, prestre.
Messire Philippe Le Couvreus, capellain de Saint Michiel.
Messire Nicolle Duménil, curé de Saint Vast.
Messire Guérart de Saint Denis, prestre.
Messire Guillaume Letailleur, prestre.
Mestre Jehan de Noiers.
Jehan de Serre, Lombart.
Gille, le relicte Jehan de Salleville.
  Paroisse Saint Pierre.
Gautier de Teufles et se fame et se fille.
Pierre de Feuquiers et se fame.
Collart le Coutier et se fame.
Jehan Haquet.
Jehan Bequet le joine et se fame.
Mestre Erregnaut de Lengny.
Thibaut le Tonnelier et se fame et leur fille.
Ennez de Chambly.
Jehan Hopin et se fame.
Nichaise de Aneuil et se fame.
Le relicte Thomas du Ménil.
Thibaut Bequet le joine et se fame.
  [Paroisse] Saint Vast.
Jehan le Feuilleur et se fame.
Jehan Seuriaue et se fame.
Michiel Flabot.
Le relicte Jehan Le clerc de le Ville.
Le relicte Thomas de Guebengnies.
Thibaut Bequet et se fame.
Jehan de Saint Ysoie et se fame.
Regnaut Michiel et se fame.
Le relicte Thoumas Lefèvre.
Jehan de le Follie.
Le relicte Jehan de Tricot.
Ade, recluse de Nostre Dame.
Jehan Waleren et se fame.
  [Paroisse] Saint Sauveur.
Bernier de le Fourmenterie.
Pierre le Poulletier, orfèvre, et se fame.
Jehenne, le relicte Thibaut Berthaut Bequet.

Ennez Asabequez et sen mari.
Allis Plantongnong et Jaquet se fil.
Geffroy de Savegnies et se fame.
Jehan Bequet, sen fils et se fille.
Philippe Bequet et se fame.
Pierre Le Caron et se fame.
Mehaut du bout du Cange.
Pierre le Monnoier et se fame.
Simon Martel et se fame.
Jehan le Wautier et se fame.
    [Paroisse] Saint Martin.
Le relicte mestre Jacques le Potier.
Mestre Thoumas de Sachi et se fame.
Le relicte Jehan de Molliens.
    [Paroisse] Sainte Marguerite.
Aseline Pollie.
    [Paroisse de la] Madelaine.
Michiel le Sergent et se fame.
Thibaut Saderon et se fame.
Jehan Marpaut.
    [Paroisse] Saint Lorent.
Pierre de Creil.
Guillaume de Roye.
Colart Gouverne et se fame.
Gille de Reculé et se fame.
    [Paroisse] Saint Ypolite.
Le relicte Mile le Tanneur le Viel.
Robert le Messagier et se fame.
Guillaume de Lourmel et se fame.
Jehan du Chastel.
Maria Millone.
    [Paroisse] Saint Jacque.
Damoiselle Jehenne le Blonde.
    [Paroisse] Saint Andrieu.
Anès de Monchy.
    [Paroisse] Saint Cointin.
Messire Jehan de Mésonchelles.
Guillaume Salmon et se fame.
    Cheus dehors de le ville.
Le relicte Jehan de Sachi.
Madame Jehanne de Chepoi, dame d'Auchi.
Jehan le Prévost de Gerberoi et se fame.
    [Paroisse] Saint Sauveur.

Jehan de Lihus et se fame.
    [Paroisse] Saint Thoumas.
Jehan de Gamaches et se fame.
Michiel le Couvreur et Colette se fame.
P. Coquet.
Maistre P. Aubri.
Jaquet de Francastel.
Le damoiselle de Limoges.
Messire Robert de Hangiet.
Messire Jehan de Grantpré.
Guillaume de Chantemelle.
Messire Pierre Marie.
Watier de Thezi et Margarete se fame.
Jehan Roinet et se fame.

XII

Lettres patentes du roi Jean, accordant aux maîtres de la Confrérie de Saint-Jean l'Évangéliste la faculté de nommer un ou plusieurs procureurs, pour représenter la communauté devant toute juridiction séculière, quelle qu'elle soit, hormis en Parlement.

(Paris, juin 1355 [1].)

Joannes, Dei gratia Francorum rex, notum facimus universis presentibus et futuris, quod confratres Confraternie Dei et Beati Joannis evangeliste in ecclesia belvacensi nobis humiliter supplicaverunt, quod cum octoginta anni jam sunt elapsi quod dicta confraternitas fuit fundata postmodumque per dilectum et fidelem consiliarum nostrum episcopum belvacensem suosque predecessores, ut dicitur, approbata et etiam [2] confirmata, de qua confraternitate quam plurimi nobiles, clerici, burgenses et alii existunt et de die in diem ab aliis bonis persouis ob devotionem quam habent ad eamdem divini servitii auctionem tam in missis quam in aliis devotis orationibus et servitiis per confratres predictos ordinati et fundati qualibet hebdomada perpetuo celebrandi augmentatur, ipsaque confraternitas redditibus, censibus, obventionibus, juribus et aliis emolumentis quam pluribus per eosdem sit dotata, pro quibus utilius et diligentius

---

[1] Arch. départ. de l'Oise, G 762. — La copie des *Mélanges* de Troussures, moins correcte que celle des archives de l'Oise, présente avec cette dernière quelques variantes que nous donnons en note.
[2] *esse*.

levandis, habendis et percipiendis et etiam causis suis motis et movendis dictam confraternitatem tangentibus prosequendis [1], expediret et esset sibi necessarium quod quatuor persone ejusdem confraternie, qui quolibet anno per ipsius communitatem die qua celebratur dicta confraternitas ad regendum, ordinandum, gubernandum et factum hujusmodi confraternie tam in missis celebrandis quam in omnibus et singulis causis, redditibus et aliis suis pertinentiis faciendum eliguntur, potestatem haberent unum [2] vel plures procuratores, totius communitatis confraternie prelibate nomine, creandi, constituendi et ordinandi, quod absque nostra [3] licentia facere nequirent, ut sibi super hoc nostram gratiam velimus impertiri, nos igitur super devota fundatione confraternie predicte audita relatione quam plurimorum fide dignorum verifica, ob reverentiam Dei et beati Joannis evangeliste ad quorum honorem, ut premittitur [4], est fundata, supplicationi eorumdem annuentes, dictis confratribus, de nostris speciali gratia, authoritate regia ac etiam ex plenitudine nostre regie potestatis concessimus ac eis concedimus per presentes, ut quatuor ex eisdem per communitatem ipsorum anno quolibet in posterum eligendos vel electos de presenti, vel tres vel duo ipsorum, perpetuo valeant unum vel plures procuratores, nomine totius communitatis confraternie predicte, sub sigillo vel sigillis authenticis creare, constituere et cum potestate substituendi ordinare, qui in causis suis tam agendo quam deffendendo motis et movendis, contra quoscumque suos adversarios, coram quibuscumque judicibus secularibus regni nostri, et in omnibus et singulis aliis factum et communitatem confraternie predicte quomodolibet tangentibus, extra Parlamentum admittantur et personas ejusdem communitatis valeant de certo representare et tantum in premissis et quolibet premissorum facere, quod ipsi facerent vel facere possent, si personaliter ibidem interessent, absque eo quod nobis vel successoribus nostris propter hoc aliqualem teneantur prestare seu solvere financiam, quam ex ampliori gratia, ad finem quod in missis et aliis devotis servitiis et orationibus deinceps pro confratribus et ejusdem confraternie benefactoribus celebrandis nos, carissima consors nostra regina, liberi nostri et alii de genere nostro simus participes et associati, remittimus et quittamus per presentes. Quibus, ut perpetue stabilitatis robur obtineant, nostrum fecimus apponi sigillum, in aliis nostro et in omnibus quolibet alieno jure salvo. Datum Parisius, anno Domini millesimo trecentesimo quinquagesimo quinto, mense junii. Et sur le reply, Per Regem, Mellou. Scellé d'un sceau de cire verte en lacs de soie rouge et verte.

---

[1] Le mot *prosequendis* ne se trouve pas dans le texte des *Mélanges*.
[2] *universi*.
[3] *nostri*.
[4] *primitus*.

XIII

Vidimus des lettres du roi Charles V données à Paris, en l'hôtel Saint-Pol, le 14 juin 1375, portant remise à la Confrérie Saint-Jean l'Évangéliste de la finance par elle due pour les neuf livres de rente, qui lui avaient été données et aumônées depuis quarante ans.

(2 octobre 1375.)

A tous cheux qui ches présentes verront et orront, Philipe Broçart, baillif de Beauvès, salut. Sçavoir faisons que l'an de grâce mccclx et quinze, le second jour du mois d'octobre furent veues, leues, regardées de mot à mot par Regnault de Saint-Quentin, clerc tabellion juré de le court de Beauvés, ouquel en ce cas et en gregnieur nous adjoustons plenière foy, unes lettres royaulx sainnes et entières en scel et en escripture, scélées du grand scel du roy nostre sire en chire vert et en las de soye contenantes la fourme qui ensient:

Charles par la grace de Dieu Roy de France, sçavoir faisons à tous présens et advenir, que, comme entre les autres euvres de miséricorde, qui sont faittes en la Confrairie de Saint Jehan l'Evangeliste, fondée en l'église Saint Pierre de Beauvés, les frères et suers de lad. confrairie ont fait et ancor facent chacun jour dire et célébrer deux messes en lad. église, auxquelles sont accompagniés et en icelles participans nos très chiers seigueurs le Roy Philippe nostre ayeul et le Roy Jehan nostre père, dont Dieu ait les ames, nous et tous ceulx de nostre lignage. Et pour ceste cause les dessusd. frères et suers aient acquis depuis quarante ans en ça environ neuf livres de rente annuelle et perpétuelle en et sur plusieurs lieux et masures soit fief et cens, qui pour ce ont esté donnés et aumosnés par plusieurs bonnes personnes. Delaquelle rente nostre très chière dame la Royne Jehanne, que Dieu absoile, en donna soixante soldées. Et aucuns par nous commis et députés à recevoir les finances des nouviaux acquais, fais en nostre royaume ou baillage de Senlis, aient voulu contraindre ou faire contraindre iceulx frères et suers à paier pour lad. rente la somme de vint et sept livres cinq sols de finance ou icelle rente mettre hors de leurs mains, qui seroit ou retardement du divin service et desd. euvres de miséricorde, si comme ils nous ont fait dire, en nous suppliant humblement, que sur ce nous veuillons estandre nostre grace. Nous, en considération aux choses dessusd., enclinans gracieusement à lad. supplication, auxd. frères et suers de nostre authorité roiale, de nostre certaine science et grace espécial, avons donné, quitté, remis, donnons, quittons et remettons par ces présentes lad. somme de vint et sept livres cinq sols de finance à nous appartenans pour la cause dessusd., et de nostre plus plenière grace leur avons octroié et octroions par ces présentes, que eulx et leurs successeurs ou ceulx à qui ils vouldront transporter lad. rente la puissent tenir et avoir paisiblement et perpétuellement sans la mettre hors de leurs mains et sans en jamais paier à nous et à nos successeurs aucune finance, et que ils puissent toutes fois qu'il leur plaira faire poursuittes pour eulx faire paier de lad. rente. Si donnons en mandement par ces présentes à nos amés et féaulx gens de nos comptes à Paris, à nostre amé et féal conseiller et secrétaire maistre Philippe Ogier et à tous présens et avenir auxquieux il puet ou porra appartenir et à chascun d'eulx si comme à lui appartiendra, que iceulx frères et suers et tous leurs successeurs et aians cause d'iceulx laissent et facent user et joir plainement, paisiblement et perpétuellement de nostre présente grace, sans les travailler, molester ou empescher, ne faire ou souffrir estre pour ce ores et es tems avenir travaillés, molestés ou empeschés en aucune manière ou coustume, non contrestant quiexconques ordonnances, mandemens, instructions ou deffenses à ce contraire. Et pour que ce soit ferme chose et estable à tousiours mes, nous avons fait mettre nostre scel à ces présentes, sauf en autres choses nostre droit et l'autrui en tout. Donné à Paris, en nostre hostel de Saint Pol, le xiiiie jour de juing l'an de grace mil trois cent soixante et quinze et de nostre règne le xiie. Ainsi signé : par le Roy, P. Blanchet, gratis reddatur in quantum me tangit. Expedita per Cameram, mediantibus xvi francis auri solutis Johanni Amyoti solutori operum pro financia, prout in registro scriptum in dicta Camera die xxvii septembris mccclxxv, A. Raymondeti visa.

Che qui a esté veu comme dessus nous tesmoignons par la teneur de chest présent vidimus ou transcript, lequel nous avons fait sceller du scel de le court de le comté de Beauvés. Donné l'an et le second jour du mois d'octobre dessusd. Et sur le reply, Reginaldus.

XIV

ENSIRVENT LA DÉCLARATION DES IX L. DE RENTE ACQUISES DEPUIS XL ANS EN EN-CHA PAR LES MAISTRES, FRÈRES ET SEREURS DE LE CONFRAAIRLE SAINT JEHAN L'ÉVANGÉLISTE EN L'ÉGLISE DE BEAUVÈS TANT PAR DON, AUMOSNE COMME PAR ACQUEST, DONT LES LETTRES DU ROY CHARLES DERRAIN TRESPASSÉ FONT MENTION[1] DONT DIEX AIT L'ÂME.

(14 juin 1387.)

Premièrement seur une maison scéant en le paroisse de la Magdalene de Beauves, que tient Drouet le Vingneron, joignant d'une part à Jehan d'Hargenlien, d'autre part à André la Guiche lx^s par.^{s} lesquelles furent

---

[1] Cf. pièce xiii.

données et aumosnées par madame la Royne Blanche[1] et lesquelles ne valent ad présent que xiiˢ.

Item seur une maison et appartenances scéant en le rue aux Jumeaux, que tient ad présent Pierre Bigant, joignant d'une part à le meson qui fut Jehan Becquet et d. c. à l'ostel du Bar, xxiiiiˢ.

Item seur une maison scéant devant le loye de Beauvés, joignant d'une part à Jehan Doublet, d'autre part à Thomas Le Clerc, boucher, lesquels furent achatés à Alys le Bochue xˢ iiii^d.

Item seur une maison et gardin, assis en le rue des Cordeliers, derrière la Magdalene, joignant d'une part à Pierre Benjamin, d'autre part à le maison Pernelle Crisnonne, achatés à Jehan Boullet, toixeran xˢ.

Item seur une maison et gardin, scéant en le rue Joissiaume joignant d'une part à Mahieu Milon et d'autre part à Jehan le foulon, achatés à Alys le Bochue vˢ.

Item seur un estal, scéant ou marché de Beauvés, qui fu Pierre Hérode, que tient ad présent Jehan d'Allonne, merchier, joignant d'une part à maistre Symon Espongart et d'autre part à l'estal Saint Berthemil xviˢ.

Item seur une maison et gardin, scéant en le rue où le cheval tourne, joignant d'une part à Jehan Bon pois et d'autre part à Jehenne de Glathegny, aumosnés par Jehenne de Reuilg iiˢ.

Item seur une maison en le paroisse Saint Estène, soubs Saint Michel, achatés à Robert Prévost, archonneur, joignant d'une part à le maison Jehan de Reculé, drappier, et d'autre part à Jehan Taint en noir iiiiˢ.

Item seur une maison, scéant au cornet de le rue des quatre fiex émont, joignant à Jehan du Moulin et à Jehan Lebesgue aumosnés viˢ.

Item seur les maisons que tient Raoul Bricaut, en le rue Joissiaume, joignant d'une part à Pierre de Cauvegny, d'autre part à Jehan Le Mire iiˢ.

Item seur une maison et gardin scéant en le rue aux Sinchers, joignant d'une part à le maison qui fu Jehan du Codroy et d'autre part à le maison Jehan de Bonnières, achatés à Étienne du Codroy iiiiˢ.

Item en le rue de la Magdalene seur une maison et appartenances qui fu Henry d'Alemeigne d'une part et d'autre part à Rinet le Carpentier, aumosnés par Jehan Bertran, tavernier iiˢ.

Item seur une maison, scéant en le rue qu'on dit de Merdanchon, joignant d'une part à Pierre de Hodenc, poissonier, d'autre part à le maison Jehenne le Coiffière, donnés par Pierre Brayant et Jehenne sa fame vˢ.

Item seur ii maisons, scéans en le rue Saint Panthalion, qui furent maistre Robert le tailleur, joignant d'une part à Pierre le Cauchonnier, d'autre à Jehenne de Aumalle, aumosnés par led. M° Robert iiiiˢ.

Item a le frête du mur, seur une maison qui fu Jehan Péronnet, plaas-

---

[1] Blanche de Navarre seconde femme de Philippe VI.

trier. joingnant d'une part ad présent à Jehan de Brilly et d'autre part aux maisons Garbados, aumosnés par led. Jchan Péronnet iiii^s.

Item seur une maison, scéant devant le pont de poivre bouilly, joingnant d'une part à Jehan de le crois et d'autre part à Robert Durant, tenneur, accatés à le femme de deffunt Pierre de Beaupré vi^s.

Item seur une maison, scéant en le petite rue Saint Martin, joingnant d'une part à Jehan le bas, boulenger, d'autre part à messire Jehan de Pollehoy, prestre, acatés à Pierre le boulengier xvi^s.

Item seur une maison scéant en le paroisse Saint Jacques de Riquebourt, joingnant d'une part à Thierry le Chavetier et d'autre part à Gillet de le barre, aumosnés iiii^s.

Somme des parties dessusd. ix^l iiii^s iiii^d.

Baillé en la chambre du domaine par Berthaut Becquet, l'un des maistres de le Confraarie Saint Jehan l'Évangeliste comme dessus. Baillé soubs le scel de moy Berthaut dessusnommé le xiiiie de juing, l'an mil ccc quatre vins et sept.

www.ingramcontent.com/pod-product-compliance
Lightning Source LLC
Chambersburg PA
CBHW060955050426
42453CB00009B/1188